Srijan Ka Sansaar

Angadh moti

Rajendra panwar

BookLeaf Publishing
India | USA | UK

Made with ❤ on the BookLeaf Publishing Platform
www.bookleafpub.in
www.bookleafpub.com

Dedication

लेखन का मेरा शौक , मेरे लिए लिखने का हौसला ओर भाव दोनो लेकर आया है, मेरे लिए ये अवसर सृजन के संसार में प्रवेश की पहली सीढी है ...

आशा है इसके बेहतर परिणाम आएंगे !

Preface

मेरे जीवन के सबसे खूबसूरत रिश्ते को समर्पित..

Acknowledgements

धन्यवाद ....

माँ... अपने सभी जीवन मूल्यों के लिए....

पापा... पहली डायरी ओर कलम के लिए...

भैया.. हाथ थामने और थामे रखने के लिए....

अनिता...हमेशा प्यार और साथ होने के लिए....

काव्या... लिखने की ओर चलायमान बनाये रखने के लिए...

देवव्रत... ढेर सारा कच्चा प्यार परोसने के लिए...

चैम्प..... कान खींचते रहने के लिए...

दोस्त... सभी शैतानियों के लिए.....

1. Sweekarokti

प्यार भरा है मन में कितना, ये एक दिन बतलाऊँगा मै..

तुझसे मिलकर तुझ तक पहुंचु , ये एक दिन कर पाउँगा मैं

तूने अपना सब कुछ देकर , मुझ पर सब कुछ छोड़ दिया..

प्यार दिया है मुझको इतना , खुद को मुझ तक मोड़ दिया...

तेरा तन-मन पूरा जीवन ,सब मुझ तक ही तो आता है...

तुने खुद को ढाला उस साँचे में , जैसा मुझको भाता है...

भले तेरे सपने तेरी हसरत , मुझ तक पहुंचे नही कभी...

पर मेरे सपने मेरी हसरत , ये खाली लौटे नही कभी...

जीवन के सब कड़वें अनुभव , हँसकर तूने झेले है...

मेरा गुस्सा और सब पागलपन , सहे भी तूने अकेले है...

तेरी आँखों के सुनेपन को , मैने तो बस देखा भर है...

उनकी चुभन को उस तड़पन को, मैंने तो बस देखा भर है...

कितनी बातें खामोशी में , खोकर मुझ तक न आ पाई...

कितने जज़्बातों की प्यारी कोपलें , अधखिली ही मुरझाई...

पलकों की कोरों पर आंसू , ठिठक ठिठक कर सुख गए...

जब्त किया उन सब को तूने , खुद ही वे अंदर डूब गये...

पर सच कहता हूँ तेरी मेहनत , ऐसे व्यर्थ न जायेगी...

रस्ते भले उबड़ खाबड़ हो , पर तू तो मंजिल पाएगी...

मैने देने मे कंजूसी की , पर मन तो है ये तू जाने...

मेरी मन बगिया में तेरा , सुमन तो है ये तू जाने....

इसी सुमन से जीवन बगिया , हम अपनी महकाएँगे...

धीरे धीरे सधे कदमो से , चलकर तुझ तक आएंगे....

अपने मन के मीठे स्वर से , मनद्वार तेरा खटकाएंगे...

प्रणय सुमन ले हाथों में , इस द्वार को भी पा जाएंगे...

हर कोपल का पतझड़ छंट , इस सावन में खिल जाएगा..

तेरे मन का उपवन भी , इस सावन में धुल जायेगा....

अब पलकों पर फूल खिलेंगे , पतझड के दिन बीत गए...

दु:ख चिंता और सुनेपन के ,सारे घट अब रीत गए....

तुझ पर सारा प्रेम लुटाकर , खूब धनी हो जाऊं मै...

जो धुन तेरे मन तक पहुँचे, गीत वही बस गाउँ मै....

तेरे मन के घाव सुखाकर , उनका मरहम बन जाऊं...

'अनु' तुझसे मिलकर तुझतक पहुंचू , एक दिन ऐसा कर पाऊ..!!

राजेंद्र पंवार ✍

2. Samarpan

प्रेम की नदी में उतरकर , तेरे मन की लहरों में डूबें....

जैसे कोई धारा नग से गिरकर, धरा के बदन को चूमें...

झरकर पर्वतों से मीठे झरने, ज्यों गिरते है प्यासे पत्थरों पे..

यों गिरते हे अधरों के प्याले, जुड़के प्रिय के प्यासों अधरों पे..

प्रेम की वो सुवासित कविता , जैसे गायी ना जाये लबों से..

प्रिय से प्रणय के वो पल भी, वैसे पाये ना जाये सबों से...

तुझको पाने को इस दुनिया में, लाखों जतन जो हमने करे है...

तूने मिलकर मुझे जो दिया है, वो तो जग की समझ से परे है...

चांद तारों की उपमा तुझे दूँ , तो ये दुनिया फिर तुझसे जलेगी...

प्रेम का शिखर मै तुझको कहूँ पर , ये बातें भी जग को खलेगी...

प्रेम का पथ दोनों से हो पूरा , रहेगा ये वरना आधा आधा...

मेरी सल्तनत की खालीफ़ा , मेरे मन की तू मीरा - राधा...

आज में तुझे ये बता दूँ , तेरे बिन मेरा कुछ नही है....

जैसा जैसा है जितना जहां है , जो है वो सब कुछ यही है....!!

राजेंद्र पंवार ✍

3. Vidaai

एक् दिन मैंने कहा फोन पर,
तेरे सारे खत ले जा तू....

जो मेरे मन पर तारी है ,
ले जा तेरा वो सब जादू....

बातों ही बातों मे सारी,
जो संग में काटी है हमने...

कुछ जाहिर की कुछ रहने दी,
कुछ बतला दी, कुछ रख ली मन में...

अपनी वो सब प्यारी बातें,
ले जा ना अपनी वो रातें.....

प्यार जताया जब जब जितना,
वो सब किस्से वो सब बातें....

रोकर जो आंखे बनती है,
ले जा उनकी वो सब लाली...

प्यार भरा मन वो अपनापन,
दिन के उजाले रातें काली..

मोटरसाइकल पर बिठलाकर,
वो तेरा मुझको गाड़ी सिखाना...

उसी पर बैठकर श्याम ढले वो,
जाकर दाल बाफ़ले खाना...

जिन पाहियों पर घूमे थे सपने...
ले जाना उस गाड़ी की चाबी...

जब जब मुझको क्रेविंग होती...
कुछ खाना है, कुछ खाना है...

लेकिन थोड़ा जल्दी कर ले..
वापस हॉस्टल भी जाना है....

क्या बतलाऊं कैसे खोली...
जब जब रिश्तो में आयी गांठे...

ले जाना वापस ले जा तू.....
वो सिम्बोलिक आलू के पराठे...

कुछ आता जाता तो है नई...
थोड़ा गणित पढ़ा दूँ आजा....

जो मुझको अच्छी लगती है.....
लैपटॉप पर फिल्म लगा दूँ आजा...

मकानमालिक के डर से तेरी...
वो धीरे आने की आहट.....

किसी रजिस्टर में अब तक है जो...
ले जाना वो मेरी लिखावट.....

कितना कुछ है कितना गहरा...
जज्बातों पर होठों का पहरा...

वो सब कुछ जो मुझको कहना नही है...
पर अब ये मुझको सहना नही है....

मन के दर्पण में जो दिखता है....
कभी कभी ये अक्स तुम्हारा.....

जिस रस्ते पर मन है मेरा...
तुम अब इस मन को भटका दो...

रहने दो ना बहुत हुआ अब...
तुम ये मन दर्पण चटका दो...

राजेंद्र पंवार ✍

4. Ansoo or ummeed

काश्मीर जो भारत माँ का , स्वर्ग बताया जाता है...
काश्मीर जो भारत का है , बच्चा बच्चा गाता है....

काश्मीर केशर की क्यारी , कल्हण ने भी गाया है...
काश्मीर सदियों लोगों ने , जहां पे सुख को पाया है...

उस घाटी में सूनापन है , बन्दूकों की गर्जन से....
पहलगाम भी सिसक रहा है, अपने बेटों की तड़पन से....

कब तक गिद्धों को पाले हम , अपने घर की माटी में....
सेक्युलरिज्म की लाश पड़ी है, जाकर देखो घाटी में....

नवजीवन का स्वप्न संजो ,धरा का स्वर्ग देखने चले गए...
जल्लाद शिकारी के हाथों , फिर श्वेत कबूतर छले गए....

इस छल का कोई हल भी है क्या , आज बता दो मोदी जी...
रक्त सने इस पल का कल क्या , आज बता दो मोदी जी...

रोजगार ओर छत के बूते , ये सरकार नही आयी...
हमने दाल रोटी की खातिर , ये सरकार नही चाही...

स्वाभिमान से जग के आगे , तन जाए ये सपना था...
जो कभी हुआ करता था भारत , वो बन जाये ये सपना था...

आपकी हम सब के मन में , जो साख रही है मोदी जी...
अरबों आँखे आस लगाकर ,अब ताक रही है मोदी जी....

इकहत्तर् में इंदिरा ने किया था , आज नकल कर डालें आप...
आगे बढ़कर भारत माँ का , दूध सफल कर डालें आप....!!

राजेंद्र पंवार ✍

5. Shubhkamnaye

जीवन के इस अंधड में, जब तेज थपेड़े लगते है.....
जीवन के अनगढ़ से पथ पर , कदम हमारे डगते है....

अगले कदम पर क्या पाएंगे , ये मन को संशय रहता है....
जो चाहा वो हो या ना हो , मन हरदम चंचल रहता है....

तब कदम कदम पर एक सहारा , मन को सम्बल देता है....
मेरे अरमानों को हाथ में थामे , उन्हे सबल कर देता है....

जब जब जो जो चाहा उनसे , उससे ज्यादा पाया है....
हर गम जो मुझ तक आना था , उसका आधा आया है....

मन करता है मन से में भी , आपकी छाया बन जाऊं...
इस वट का मै आश्रय पाकर , एक सुंदर पौधा बन जाऊं...

जीवन का हर अनुभव मुझ तक , आपसे होकर आया है....
आपना घर जो भावों से बना है, आपने इसे बनाया है....

इन भावों को जीवनभर हम , अपने हृदय में धारेंगे.....
आपके कल की कल्पना से , हम अपना आज संवारेंगे...

भावों की ये टूटी फूटी , शब्दावली अर्पित करता हूँ....
ज्यादा तो में क्या दूँगा बस , ये हृदय समर्पित करता हूँ..!!

राजेन्द्र पंवार ✍

6. Jeevan Pratyasha

हम सब अपने जीवन में कुछ , सपने लेकर चलते है...
धीरे धीरे तिल तिल कर , उन सपनों के रंग में ढलते है..

ढलते ढलते कभी कभी हम , इन सपनों में खो जाते है..
और अपनों ही की दुनिया में, हम कांटे बो जाते है..

हमको तो ये एहसास नही , ये कांटे कितना चुभते है...
पर जिनके मन हम बसते है , वो मन कितने दुखते है..

बहुत सरल है कह देना कि , बस हम तो थक के चूर हुए..
सपनों का ये बोझा है भारी , अब हम तो इससे दूर हुए..

पे ये सपने तो साझे थे , हम ये क्यों बिसरा देते है..
कितनी आंखों की उम्मीदें , हम पल में बिखरा देते है..

हम कितने नादान हो गए , ये सोच निरी बचकानी है..
कि जीना कितना मुश्किल है , और मरने में आसानी है..

मरने में होगी आसानी , पर कायरता का रोग भी है...

खुदगर्जी का चोला फेंको , पीछे कितने लोग भी है...

हमको रब ने सामर्थ्य दिया है, और चिंतन की शक्ति भी...
गर थोड़ा कमजोर पड़े तो , आध्यात्म दिया है भक्ति भी...

खुद ही खुद का जीवन तो , बेबस पशु भी नही हरते है...
तन-मन की ताक़त है फिर भी , हम क्यों ऐसे मरते है...

अन्तर्मन की शक्ति खोजो , मोती कितने गड़े मिलेंगे...
संगी,साथी,मित्र,परिजन , हाथ बढ़ाए खड़े मिलेंगे...

ऐसी कोई मुश्किल है क्या , जो बांटने से ना घटती हो..
दूविधा ऐसी कौन भला जो , बांटने से ना छंटती हो...

एक बहुत खरा सा साथी पाकर, उससे सबकुछ बोलें तो...
हृदय-हिमालय कुछ बौना करके, मन की गठरी खोलें तो...

तुम देखोगे जीवन पतझड़ , फिर सावन हो जाएगा...
जो सब पीड़ा और तकलीफों को ,पल में ही धो जाएगा....!!

राजेन्द्र पँवार✍

7. Mrityu

दूर कहीं बचपन से चलकर , पहली याद ने आमद दी ..

अब जब उसने बीच सफर , हम सब से यूँ रुखसत ली..

हंसते गाते बचपन बीता , शिशुमन्दिर के खेलों में..

शाम ढले हम जाया करते , मंदिर, कभी उर्स के मेलों में..

स्कूल हुए और बस्ता फेंका , क्रिकेट का ऐसा शौक चढा..

ओर कॉलेज तक आते आते , शौक जरा कुछ और बढा..

धीरे धीरे शौक ने आदत , आदत ने लत का रूप लिया..

घर ,पैसा,परिवार, नोकरी , सब ही तो इसमें झोंक दिया..

पर घर के संबल को पाकर , जीवन पटरी पर आया था..

बुरा समय तो बीत गया था , सही समय अब आया था..

गर सेहत की सलाह को तूने , मन से जो अपनाया होता..

जो सबसे अनमोल है जीवन , उसको न ठुकराया होता..

तेरी सेहत के जख्मों पर , जरा कुछ तो मरहम मलते हम..

थोड़ा समय तो देता भाई , कि हाथ पकड़कर चलते हम..

या तुझमें नकलीपन होता , तो फिर तुझे भुलाते हम..

ऐसे ही जाना था भैया , तो पास तेरे न आते हम...

क्या जब तक जीवन है रिश्ते है , फिर सब एक छलावा है..

अब तो दुविधा है चिंता है , और शायद कुछ पछतावा है..!

राजेंद्र पंवार ✍

8. janmdin

ये जो हाथ है कंधे पर , ये जो गहरी मुस्कुराहट है....
ये जो अनघड़पन है मुझमें , ये जो मन में राहत् है...

ये जो बचपना बाकी है , अब भी मस्ती है हस्ती है....
ये जो मजबूत पतवारों से, सुरक्षित मेरी कश्ती है. ...

इसी दम पर खड़ा रहता , मेरी आँखों का हर सपना..
इसी के आसरे सम्हला , बना संवरा ये घर अपना...

इन्हीं हाथो की उंगली का ,सहारा आज ओर कल है..
इसी के छोर को छूना , मेरे जीवन का प्रतिफल है....

इन्हीं हाथों से इस मन को , लखन सी साधना दे दो..
आपके हर आखर पे सर रख दूँ, ऐसी प्रार्थना दे दो..

ये जो जन-धन् मिला हमको ,ये जो चाहत कमाई है....
इस कर्जे में है ज्यों डूबी , सच हमारी पाई पाई है...

इसी को चुका पाने में , मै परछाई सा चल लूं..
दरख्तों सा नही लेकिन , मै परछाई सा ढल लूं..

मै कुछ कहना नही चाहता , की ये हाथ किनका है. ...
उन्ही के चरणों में है जीवन , जन्मदिन आज जिनका है...!!

राजेंद्र पंवार✍

9. Bahan

एक अति पवित्र सतगुण संवर्धक , पावन सम्बन्ध बताता हूँ..
जो गौण हो रहा हृदयों से , मै राग वही फिर गाता हूँ....

जिसकी ऊर्जा से सूर्य तप्त , जिसकी ठंडक से चाँद मौन...
जो अटल अटूट ओर महापवित्र , उसकी तुलना मे होगा कौन..

जिसकी पावन् शक्ति ने , कई संहारो को टाल दिया....
आग उगलते रिपु बेड़ो पर , जिसने लंगर डाल दिया....

बहन भाई की रक्षा करती , हरदम हर कठिनाई में...
हरदम मन रत रहता उसका , भाई की ही भलाई में...

स्नेह के जल से अभिमंत्रित , ये रिश्ता सबको भाता है. ...
सब रिश्तों से प्यारा जग में, भाई-बहन का नाता है....!!

राजेंद्र पंवार ✍

10. Dwand

बरसों तक जिस संग को लेकर , मन अभिमान भरा रहता था...
ये मेरी दुनिया , मै इसकी , खुद से ये कहता रहता था....

रिश्तों के ये रेशे अंदर तक , क्या इतने ही सुलझे सुलझे है....
या मन के भीतर कहीं तो भीतर , ये आपस में उलझें उलझें है....

जीवन की इस कठिन डगर पर , जब विश्वासों को तोला जाएगा..
साफ साफ ओर खरा खरा सब , जो कुछ है बोला जायेगा....

तब भी क्या मन भीतर का मै, सच को सहज निभा पाएगा....
या खुद की परछाई से डरकर , भीत बना सकुचा जायेगा....

द्वन्द बड़ा है प्रश्न खड़ा है, सहज सरल सा उत्तर दो....
या मन भीतर के सब खांचे , आडम्बर से पूरे भर दो....!!

राजेंद्र पंवार ✍

11. Sapna

क्या इस जीवन में मै अपना , कोई रख सपना बुन पाऊंगा...
जो स्वस्फूर्त हो प्राकर्तिक हो , क्या वो सपना चुन पाऊंगा....

जिन सपनों से जीवनधार , लोगों की तय होती है....
जिनको पाकर मन भीतर की , सब शंकाएं भय खोती है....

ऐसे सपने क्या सबको ही , कुछ प्रयत्न से आते है......
या सपने ये बनकर नाविक , खुद नाव तलक आ जाते है....

ये सपने जो मानवता को , भगत सुभाष दे जाते है.....
ये सपने जो नीरसता को , एक नई आस दे जाते है......

ये सपने जो अंतरतम में , नव प्रकाश भर देते है.....
उबड़ खाबड़ पगडंडी को , राजमार्ग कर देते है.....

ये सपना जो बस मेरा हो , जिसके हर पल में बस निजता हो...
ये सपना जो पूरा न हो तो , अंदर से कुछ पिसता हो....

सपना जिस से मै जग में , क्यों आया ये उत्तर् दूँ.....
सपना जिसकी गोदी मे मै , अपनी अंतिम सांसे लूँ.....!!

राजेंद्र पंवार ✍

12. Parda

क्या सब कुछ , जाहिर किया जा सकता है.....
क्या बेलाग बेदाग़ , जिया जा सकता है .....

क्या हम अपना प्रतिबिम्ब , समाज को दिखा सकते है....
क्या हम ख़ालिस जैसे है , खुलकर सामने आ सकते है....

क्या सब अंधेरा उजाला , सहा जा सकता है.....
क्या अंदर का अनकहा , कहा जा सकता है....

क्या सब चोटें सब घाव , भरे जा सकते है...
क्या अंगारो पर पाँव , धरे जा सकते है....

क्या अपनों का असल , बताया जा सकता है...
क्या अंदर की पीड़ा को , गाया जा सकता है...

क्या समाज के बंधनों को , तोड़ा जा सकता है....
क्या इंसान को अकेला , छोड़ा जा सकता है....

क्या प्रेम को आवरण , दिया जाना चाहिए.....
क्या जिन्दगी को डर मे , जिया जाना चाहिए....!!

राजेंद्र पंवार ✍

13. Mitrta

कृष्ण ने राधिका से कहा , राधिके....!
प्रेम और मित्रता क्या अलग भाव है...?

राधिका ने मुस्कुराकर बस इतना कहा -

प्रेम में शायद प्रणय की कोई हसरत भी हो...
मित्रता में न ऐसा कोई अलगाव है.....

जिससे रिसकर विरह की , कसक उठती हो....
प्रेम मन में बसा कोई , ऐसा घाव है.....

मित्रता में मिलन का कोइ बंधन नही....
हृदय अंतरिक्ष का , ये वो फैलाव है.....

प्रेम में स्वार्थ की कुछ महक आती है....
मित्रता स्वार्थहीन मन का स्वभाव है...!!

राजेंद्र पंवार ✍

14. Pita

एक दिन सोचा पिता शब्द के , अर्थ की मै पहचान करूँ....

मानव को जो वरदान प्रभु का , उस निधि का सम्मान करूँ....

पर कलम उठाई तो पाया कि, हृदय में भावों का अम्बार है....

ये प्रतिमा तो होगी अम्बर से ऊँची , कलम छोटा औजार है...

भावों का अतिरेक सम्हालूँ , या फिर शब्दों के कौशल को....

उनका सब अर्जित लिख दूँ , या उनके मन निश्छल को....

स्वाभिमान का जीवन लिक्खू , या खरा कहने की आदत को...

या जीवन भर की हांसिल पूँजी , जन-जन रुपी दौलत को...

धन से हमेशा परिवार बड़ा है , इस सीख को लिख दूँ क्या....

या ये दिन जो हर दिन जैसा है , इस तारीख को लिख दूँ क्या....

सब भावों को शब्दो में कह दूँ , मेरे लिए तो ये मुश्किल है....

आप के कर हो सदा शीश पर , तो फिर सब कुछ हासिल है...

जीवन भर इन आदर्शों को , हम अपने जीवन में धारेंगे....

पिता के ऋण से मुक्त तो नही , पर शायद कुछ अंश उतारेंगे....!!

राजेंद्र पंवार ✍

15. Beta

आज का दिन तेरे जीवन में , संकल्पो का दिन हो बेटे...

तेरा मन हो खुशियों से सिंचित , तेरा ऐसा जीवन हो बेटे..

आज के दिन तु सदप्रेरित हो , जीवन को सुरभित कर ले..

तू अपने तन मन अपने जीवन , संस्कारो की थाती गढ़ ले..

जैसे जैसे तू जग में पुष्पित हो , तुझमे देने का ही भाव बढ़े..

तू नित नूतन सीखे कुछ नया , नव नित नूतन सौपान चढ़े...

निज परिवार और देश धर्म में , तेरा मन सदा आसक्त रहे..

निज पितामह के जैसे तू भी , सदसंकल्पो पर सख्त रहे...

जीवन की फिसलन से जैसे , बड़ो ने हमको बचाया है...

जो जो भी जीवन में सीखा , जो कुछ इनसे पाया है...

जितना मुझको अर्जित है बेटे , तुझको वो सब प्यार दूँगा...

इस जन्मदिन बस यही कहूँगा, तुझे यही उपहार दूँगा ।।।

राजेंद्र पंवार ✍

16. Beti

बेटी जब आती है आंगन , सपनो के संग आती है....
नई तरंगे, नई उमंगे, और नवजीवन , अपनों के घर लाती है...

उसकी पहली किलकारी से , मन हर्षित हो जाता है.....
जीवन में जो कुछ बाकी था , सब अर्जित हो जाता है....

घुटनों के बल चल बेटी , जब पहली मंजिल पाती है...
तो वो पिता की उम्मीदों की , पहली सीढी चढ़ जाती है...

उसके मुख से पहले पहल वो माँ, ओर फिर पापा सुनना...
वात्सल्य भरे उस स्वर्णिम पल से , जीवन का खाका बुनना..

पहले पहल जब दौड़ लगाकर , वो छाती से लग जाती है...
तो शायद सच्चे संन्यासी की भी , सांसारिकता जग जाती है...

ईश्वर के श्रेष्ठतम उपहार का भी , अलंकार होती है बेटी....
परिवारों का मन पोषित हो , वो पावन संस्कार होती है बेटी..!!

राजेंद्र पंवार ✍

17. Covid-19

विश्वपटल पर मानवता पर , जब गहरा संकट छाया था....

एक विषाणु मानवता का , दुश्मन बनकर आया था....

चहुँओर जब त्राहि त्राहि का , स्वर ही सुनाई देता था....

आधुनिकता का हर आंगन , सीमित सा दिखाई देता था...

तब मन में संकल्प जगा है , यह निज भूमि से हारेगा...

अपना भारत विश्वगुरु है , ये सब को उपचारेगा....

दुनिया भर में मानवता पर , जब भी संकट आया है....

विश्वबन्धुत्व का मरहम हमने , सब जख्मों पे लगाया है....

कोरोना के संकट को भी , भारत के बेटे काटेंगे....

गर हमने उपचार पा लिया , तो दुनिया से बांटेंगे...

हम शांति के अग्रदूत है , सबका हित ही चाहेंगे....

मन कहता है शीघ्र ही सिर से , ये विघ्नमेघ छट जाएंगे..!!

राजेंद्र पंवार ✍

18. Notebandi

कालेधन की जंजीरों में , जकड़ी भारतमाता थी....

सबने तो ये समझा था की , मर्जी यही विधाता की...

हमने कब सोचा था कि , ऐसा भी हो सकता है...

वर्षों से जो जमी गंदगी , कोई मिनटों में धो सकता है...

मोदी जी ने न केवल , माता का मान बढ़ाया है....

मध्यमवर्गीय सपनों का , बुझता दिया जलाया है....

भारत के सपनों पर इंडिया , मार कुंडली बैठा था....

राजनीति कंचन की चेरी , सोच के मन में ऐंठा था...

एक निर्णय ने घड़ियालों की , बुनियादों को हिला दिया...

गयी पीढ़ियाँ संचय में , और तुमने ये क्या सिला दिया....

घर को साफ बनाने में , हाँ कुछ तकलीफें भी आती है...

पर जब घर गन्दा हो तो , फिर जिम्मेवारी बढ़ जाती है....

सब तकलीफे सहकर भी , अब घर को साफ बनाना है....

दांये बांये न चलकर अब , हमें ताल से ताल मिलाना है...

स्वच्छता के इस महायज्ञ में , हम भी आहुति डालेंगे....

कालेधन के ज्वर से लड़ने , हम ये कुनैन भी खा लेंगे...

गर सरकारें यूँही बढ़ , भारत माँ का मान बढ़ाएंगी....

राजनीति के महक्षितिज पर , ध्रुवतारा बन जाएंगी...!!!

राजेंद्र पंवार ✍

19. Dadi maa

एक उम्र गुजर जाती है अपनी , घर को घर बनाने में...

जीवन के सारे अनुभव सहेजकर , नई पीढ़ी तक लाने में....

बरगद का जीवन गुजरा है पूरा , पौधों को पेड़ बनाने में....

खेत ने अपना विस्तार खो दिया , खुद की मेड़ बनाने में....

चूल्हा चौका झाड़ू बर्तन , सुविधाओं का नाम नहीं....

घर को सलीका देना है बस , खुद का कोई अरमान नहीं...

दूर कुए से पानी लाकर , घर की प्यास बुझाना था....

मुंह अंधेरे चक्की पीसकर , दाना पानी जुटाना था....

खुद का सपना इतना था बस , बच्चे बेहतर बन जाए...

उनके तन को आंच ना आए , अपना चाहे मन जाए....

उनकी सारी तैयारी थी , कल का आज बनाने की....

अब आज की जिम्मेदारी है , उनका उपचार कराने की...

अपनी सारी उम्र खपा दी जो , संस्कारो की थाती गढ़ने में...

उन संस्कारों की परीक्षा है अब , कर्ज अदा कर बढ़ने में....

जो दादी वटवृक्ष सरस , इस परिवार का सम्बल है....

पूरे परिवार की छत जैसा जो , मातृत्व का आँचल है...

ईश्वर से करबद्ध निवेदन है , उनको निरोग बनाने का...

या मुझको सामर्थ दे दे वो , खुद का मन समझाने का...

उनकी पीड़ा का भार अब , मन को बोझिल करता है...

इतना करकर भी कोई क्यों, यूँ तिल तिलकर मरता है...

यही न्याय है गर ईश्वर का , तो मुझको ये स्वीकार नहीं....

यही सब करना ईश्वरत्व है, तो मुझे ईश्वर से प्यार नहीं...!!

राजेन्द्र पंवार ✍

20. Janta or sarkar

सब के सब चिंता में है , और सब को दुख ने घेरा है...

यह समय शुरु से गड़बड़ था , या सिर्फ समय का फेरा है...

क्या भारत की पिछली सरकारे , गंगाजल सी पावन थी...

क्या रेत सी तपती गर्म दुपहरी , पहले रिमझिम सावन थी...

क्या जनता से वादे करके , सब नेता उन्हे निभाते थे....

क्या सरहद पार से खूनी खंजर , इस और कभी न आते थे...

क्या रावलपिंडी और कराची , भारत को सजदा करते थे...

क्या दाले चावल और पेट्रोल , मेंहगाई से परदा करते थे...

जीवन चलता रहता है , सरकारे आती जाती है....

पर एक समस्या है जो मुझको , अंदर तक खा जाती है....

जब भी ऐसा कुछ होता जो , देश की आँख लजाता हो...

भारत माँ की धानी चुनर , पर स्याही फैलाता हो....

तब पक्ष विपक्ष में न पड़ जन , क्या साथ खड़ा हो सकता है...

सरकार और विपक्ष से क्या , देश बड़ा हो सकता है...

जब जनता के न्याय करने की , यही एक परिपाटी होगी...

तब निश्चित ही जग में फिर से , पूजित माँ की माटी होगी...

जब तक देश का मानस इस , मर्म को न अपनायेगा...

तब तक राजनीति का दानव , देश को यूँही लजाएगा...!!

राजेन्द्र पंवार ✍

21. Fagun

मन के भेद मिटा ले हम तुम , आज फाग पर हिल मिलकर...

रिश्तों के पतझड़ को रोके , मन से फूलों सा खिलकर....

मन के सब बदरंग बहाकर , उन्हे सदरंगो से साफ करो...

कल किसी से अनबन थी तो , अब छोड़ो भूलो माफ़ करो...

जीवन की तो रीत यही है , यही सदा बड़ो से सीखा है...

जीवन का रस फागुन में है , ओर फागुन प्रेम सरीखा है...

बरसों बरस की खामोशी पर , एक शब्द की फूटन प्रेम...

उलझे सुलझे गड्डामगड्डा , उन सब रिश्तों की टूटन प्रेम...

नाउम्मीदी की भेंट चढ़ा जो , जीवन का अनसुलझा प्रेम...

जिसको मंजिल पता नहीं थी , सदा राह में उलझा प्रेम....

रूप जो भी हो जैसा भी हो , पर मूल एक सा होता प्रेम...

मन से सब से बैर बिसारकर , सब दागों को धोता प्रेम....

फागुन प्रेम का अपररूप है , इस पर मन में जो भी खाई हो...

जिन रिश्तों की गिरह खुल गयी , अब उन सब की तुरपाई हो...!!

राजेन्द्र पंवार ✍

www.ingramcontent.com/pod-product-compliance
Lightning Source LLC
Chambersburg PA
CBHW070649240926
51846CB00003BA/839
9789375431312